L'ANTI-LABIÉNUS

PLUS DE
LOIS DE SÛRETÉ GÉNÉRALE

JUSTE APPRÉCIATION

DE

L'EMPEREUR NAPOLÉON III

Par Fortuné ROUSTAN

SON MAMELOUCK MORAL

—◦◦◦—

DEUXIÈME ÉDITION

—◦◦◦—

NOTA. — La *Petite Revue,* éditée à Paris, rue de Richelieu, nº 78, par *René* PINCE-BOURDE, et plusieurs grands journaux de Paris et de Bruxelles, ont donné ironiquement à l'auteur cette qualification de Mamelouck, qu'il prend dès lors à titre de représailles et d'une manière sérieuse. Le seul moyen, en effet, de n'être pas atteint par le ridicule, c'est de le braver ouvertement e publiquement, et de se mettre au-dessus de lui!

BRUXELLES ET PARIS

CHEZ TOUS LES LIBRAIRES

—

JUILLET 1865

Tous droits réservés

COMPLÉMENT INDISPENSABLE DE LA BROCHURE.

I

Motifs de mon interpellation à la Chambre des Représentants belges.

A la séance de la Chambre des représentants belges, du mardi 16 mai 1865, *sans interrompre personne* et au moment où l'on allait recueillir et compter les voix, j'ai prononcé, du haut des tribunes réservées et avec une fermeté calme, ces simples mots : *En ma qualité d'homme de lettres et de mendiant en habit noir, je vote pour l'amendement* (1). J'ai dit : *je vote*, et non *j'appuie* (terme qui est trop faible), parce que je me suis considéré comme le représentant exceptionnel du droit et de la justice, formellement méconnus, en cette circonstance, par les libéraux ou *esclaves* belges. Or, le droit et la justice dominent toute assemblée qui se respecte; et, quand ces bases de l'ordre public sont méconnues ou ébranlées, tout citoyen, même un étranger, *s'il y a péril évident que l'on vote une mauvaise loi, et s'il est réellement protégé par un gouverne-*

(1) Cet amendement avait pour objet de déclarer non coupable du délit de mendicité celui qui aurait mendié accidentellement et dans un cas de nécessité absolue.

ment libre, peut intervenir, *au risque d'être incarcéré,* pour faire pencher la balance du côté du *droit naturel;* car le droit naturel est de tous les temps, de tous les lieux et de tous les peuples.

Un libéral ou esclave gauche, M. Bara, après avoir égayé la Chambre en laissant échapper de sa bouche l'expression peu parlementaire d'*emberlificoter,* M. Bara ayant affirmé en propres termes, en faisant allusion à ma brochure *A bas les lois de sûreté générale* (que je venais de vendre dans le parc de Bruxelles, à quelques représentants, *en leur avouant mes pressants besoins et ma qualité d'auteur,* et que je voyais entre les mains de plusieurs d'entre eux), le gauche M. Bara ayant donc affirmé qu'on devait se montrer impitoyable pour toutes les mendicités, *même pour celles de l'homme de lettres et du mendiant en habit noir,* j'ai dû relever le gant, après que tous les orateurs ont été entendus, et prouver à la petite représentation de Bruxelles qu'un Français pauvre, mais homme de cœur, ne se laissait pas impunément insulter.

Mon interpellation à la chambre des représentants belges (sérieusement combinée et méditée, puisque je n'ai parlé moi-même qu'après la longue et éloquente réplique de l'honorable M. Schollaert, auteur de l'amendement), mon interpellation, malgré des apparences contraires, et sainement appréciée, était l'acte courageux d'un bon citoyen français qui a cru devoir honorer et défendre son pays, *publiquement insulté dans sa personne.*

Il est donc étrange que presque tous les grands journaux de Paris, aux dates des 18, 19, 21 et 22 mai 1865, notamment le *Siècle,* la *Presse,* le *Temps,* la *Gazette de*

France, le *Nord* et l'*Epoque*, aient reproduit contre moi les calomnies des journaux de Bruxelles et de leurs correspondants, de l'*Etoile belge* surtout, ce journal vendu à l'orléanisme, à l'Angleterre et à l'impiété ; car, en Belgique, et sous la double influence anglaise-autrichienne, on abhorre les Français et l'Empereur, et il n'est sorte d'injure et d'infamie qu'on ne répande sur eux !

II

Juste appréciation de l'Empereur Napoléon III et des Propos de Labiénus.

L'histoire de César est parfaitement pensée et bien écrite. C'est un chef-d'œuvre d'érudition, d'impartialité et de bon goût. Plus elle est critiquée par les hommes de désordre, plus elle est approuvée par tous les gens de bien. Or celui qui excite de telles sympathies ne saurait être un vil assassin, comme ne craint pas de le dire l'auteur des *Propos de Labiénus*, un professeur ambitieux et mécontent, indigne du nom de Français, et bien certainement égaré par des rancunes peu intelligentes.

Si l'empereur Napoléon III a eu le tort, dans sa vie de jeune homme, d'attaquer un gouvernement régulièrement établi, quoique, *dans le fait, usurpé et non national*, il a expié ce crime, qui peut-être n'en est pas un, par sa longue détention et par des souffrances de toute nature.

Depuis lors, l'empereur Napoléon III a eu le courage de confesser hautement et loyalement ce péché de sa jeunesse, que Dieu sans doute lui a pardonné. Ne soyons pas dès lors sévères jusqu'à l'injustice ; et que ceux d'entre nous qui ont toujours été irréprochables jettent à l'Empereur la première pierre !

Dans tous les cas, Sa Majesté Napoléon III a racheté cette faute par les grands services qu'elle a rendus à la France et au monde entier depuis plus de quinze ans. Or, à tout péché miséricorde, surtout quand la faute a été noblement expiée par un repentir sincère et public, et par les tristesses de la prison.

Si l'auteur des *Propos de Labiénus*, si le mauvais citoyen Rogeard, reproduisant les ineptes critiques de Victor Hugo, traite l'Empereur d'assassin, à cause du coup d'État du 2 décembre 1851, l'accusation est encore aussi injuste que peu intelligente.

Dieu et les souverains ont seuls le droit de verser le sang des hommes.

Dieu, l'auteur de toute vie, en nous livrant à la mort, ne fait que reprendre le bien qu'il nous a donné gratuitement. Il dispose donc de la vie des hommes à son gré et sans injustice.

Les souverains, *agissant eux-mêmes au nom de Dieu,* et pour éviter de plus grands maux, *sont plus d'une fois obligés de verser le sang des hommes.*

En 1851, la France était dans une cruelle impasse, par la faute même des démagogues, qui faisaient appel aux passions les plus dangereuses. Encore quelques mois, et la guerre civile, la pire des calamités, ensanglantait, comme dans les horribles journées de juin 1848, non-seulement la capitale, mais toutes les provinces. Par un acte de sainte audace et de noble dévouement, l'Empereur, au prix de sa vie, car, en cas d'insuccès, la mort, bien certainement, eût été son partage; l'Empereur, au prix de ses jours, a préservé la France de cet inévitable cataclysme, et a mérité avec raison le titre de restaurateur de l'ordre en France et en Europe, et de sauveur de la société.

Si quelques démagogues ou quelques écrivains sans cervelle ou sans entrailles, et affectés d'une triste manie, appellent *assassin* celui qui nous a généreusement empêchés de nous noyer et de nous perdre (1), il ne s'ensuit pas qu'un Empereur qui se respecte doive adopter aveuglément l'avis de quelques fous, ces fous sans portée politique, fussent-ils indirectement et maladroitement soutenus par un prince quelconque. Le devoir de l'Empereur était de sauver la France, *même malgré elle*, et quoi qu'en puisse dire J.-J. Rousseau, dans son *Contrat social;* car *c'est Dieu seul qui forme et qui inspire les chefs des États;* et, quand une nation entière, égarée par de coupables prédications, devient assez folle pour vouloir se tuer en masse, celui qui la gouverne, s'il en a le pouvoir, doit s'y opposer vivement et la ramener à la raison, *même par des secousses violentes,* conformément à ces paroles du Psalmiste : *In camo et freno maxillas eorum constringe;* attendu que, d'après l'avis même de J.-J. Rousseau, formulé dès les premières pages du *Contrat social, la folie ne fait pas droit.*

Du reste, dans les journées du mois de décembre 1851,

___

(1) Réponse sérieuse à ces odieux vers de l'infâme libelle :

Quand d'être ainsi sauvé je n'ai pas le dessein,
Au diable le sauveur, qui n'est qu'un assassin !

la lutte n'a pas été sérieuse, puisque les ouvriers et les gens du peuple (nous l'avons entendu de nos propres oreilles) approuvaient eux-mêmes le coup d'État en disant : *Ma foi, c'est bien joué*, et montraient la plus grande répugnance à faire des barricades. Si quelques mauvaises têtes ont voulu se faire tuer, l'Empereur, *dont le devoir était de s'opposer à leurs entreprises*, car, selon saint Paul, ce n'est pas en vain qu'il porte l'épée, l'Empereur ne saurait être responsable des sottises des autres.

Des affiches que nous avons vues et qui étaient placardées dans tout Paris, invitaient d'ailleurs, dans les journées des 3, 4 et 5 décembre 1851, tous les citoyens à rester *dans leur logis* (c'étaient les termes mêmes de l'affiche), les prévenant qu'il y avait un danger sérieux à circuler dans les rues. Tant pis dès lors pour les imprudents qui n'ont pas tenu compte de cette recommandation ! Je n'ai pas été plus sage qu'eux ; mais, en me servant, à propos, de la rapidité de mes jambes de jeune homme, Dieu a permis que je ne fusse point tué.

De toutes les révolutions utiles et inévitables, celle du 2 décembre 1851 a coûté le moins de sang et a épargné à la France les plus grands malheurs. D'après le principe que de deux maux il faut choisir le moindre, l'empereur Napoléon III a donc eu parfaitement raison de prendre une telle initiative, et de soustraire la France, *même malgré elle*, à la plus horrible anarchie. Aussi l'opinion publique et le suffrage universel ont-ils pleinement ratifié le grand acte du 2 décembre 1851. *Cet acte a été inspiré à l'Empereur par Dieu lui-même*, qui, depuis lors, ne cesse de le protéger, et qui, au 14 janvier 1858, et, en 1859, sur

le champ de bataille de Solférino, l'a miraculeusement
préservé des bombes d'Orsini et des bombes autrichiennes,
conformément encore à ces paroles du Psalmiste : *Cadent
a latere tuo mille et decem millia a dextris tuis, ad te
autem non appropinquabit :* ils tomberont à tes côtés par
mille et par dix mille, et leurs traits ne pourront t'attein-
dre !

Pour résumer notre opinion sur le coup d'État du 2 décembre 1851, nous dirons que, dans un siècle où les plus
nobles dévouements passent pour de l'aliénation mentale,
si l'on ne peut en suspecter la sincérité, et pour des assas-
sinats, quand on les attribue à l'ambition et à la politique,
pour nous résumer en deux mots, nous dirons qu'il est
dans la nature des hommes de caractère et de cœur de
n'être plus compris, et, par suite, d'être calomniés par les
âmes viles ou sans étoffe. L'auteur des *Propos de Labiénus*,
le pustuleux Rogeard, appartient à l'une de ces catégories
et peut-être à toutes les deux.

C'est surtout de lui et de Victor Hugo que l'on peut dire,
avec le prophète : *Peccator videbit et irascetur, dentibus
suis fremet et tabescet; desiderium peccatorum peribit :*
Ces mauvais citoyens, ces hommes de désordre voient avec
colère la durée et la prospérité de l'Empire; ils grincent
des dents, frémissent de rage et sèchent de dépit; mais
leurs coupables vœux ne seront pas exaucés !

Bruxelles, le vendredi 12 mai 1865.

Réponse d'un pécheur nouvellement converti, aux injustes critiques des mondains.

Pour comprendre les choses saintes,
J'ai prié, mais du fond du cœur.
Dieu n'a point repoussé les plaintes
Du plus misérable pécheur.

Oui, Dieu m'a touché de sa grâce :
Je veux vivre et mourir pour lui.
Sans Dieu tout me pèse et me lasse,
Loin de Jésus tout m'est ennui !

Vous dont la triste intelligence
N'admet pas un Être éternel,
Docteurs d'une fausse science,
Vous jugez les choses du ciel !

Et vous me prodiguez l'outrage,
Vous me mettez au rang des fous !
Hélas ! quand je me croyais sage,
J'étais insensé comme vous !

La haine impie (1) et la discorde (2)
D'un chrétien ne sont pas l'effroi.
Dieu vous fasse miséricorde
Et vous éclaire comme moi !

(1) Allusion à toutes les injures et à toutes les calomnies dont on abreuve l'auteur, sans le lire ni le comprendre.
(2) Allusion à de certaines violences physiques et morales et à l'opposition de tous ses proches. *Et inimici hominis domestici ejus.*

Versailles, novembre 1864.

OBSERVATIONS

Les journaux la *Presse* et la *Gazette de France* n'ayant point déféré aux sommations qui leur ont été faites par actes d'huissier, les 22 et 26 mai 1865, assignation a été donnée à MM. Rouy et Aubry-Foucault, en qualité de gérants de ces journaux, devant la sixième chambre correctionnelle du Tribunal de la Seine.

L'affaire est appelée pour l'audience du vendredi 23 juin 1865. Le sieur Roustan intente aux journaux la *Presse* et la *Gazette de France* un double procès pour refus d'insertion de ses réponses, et pour injure et diffamation.

OUVRAGES DU MÊME AUTEUR :

I. **Comparaison de la loi belge et de la loi française** *en matière de droits de succession,* contenant le texte des lois belges, les tarifs pour la Belgique et pour la France, l'examen critique et approfondi tant du principe de la déduction des dettes que des autres dispositions de la loi belge qu'il serait utile d'adopter ou qu'il convient de rejeter, et des considérations générales sur la légitimité de l'impôt de l'Enregistrement et du Timbre. Bruxelles et Valenciennes, et chez Mme Roustan, libraire à Versailles, rue d'Anjou, 12. 1859. 1 vol. in-8°. Prix : 3 fr.

Cet ouvrage a servi de base, en très-grande partie, à un projet de loi financier pour lequel une Commission a été nommée en 1864, et qui devait être discuté au Corps législatif dans les premiers mois de l'année 1865.

II. **Les Subtilités de la librairie parisienne, la Bande noire et la Révision,** *et quelques abus de l'Hôtel des ventes.* 1865. 1 vol. in-8°. Prix : 7 fr. 50. Chez M. Dentu, libraire à Paris, au Palais-Royal.

Cet ouvrage audacieux et singulier a mis en émoi la corporation des libraires normands-parisiens et des commissaires-priseurs. Il a donné lieu, en outre, à des pétitions transmises au Sénat.

IMPRIMÉ PAR CHARLES NOBLET, RUE SOUFFLOT, 18, A PARIS.

OBSERVATIONS

Présentées, le 17 août 1865, par le Mendiant en habit noir, à l'honorable M. Haton de la Goupillière (1), président de la Cour impériale de Paris, Chambre des appels de police correctionnelle.

(Ces observations étaient écrites à la suite d'un exemplaire de *l'Anti-Labiénus.*)

La Cour impériale de Paris m'a condamné *par dé- faut*, le 22 janvier 1858, pendant mon séjour à Bruxelles, et seulement pour des *critiques générales* contenues dans ma deuxième édition des Réformes urgentes (*à opérer dans l'administration de l'Enregistrement et des Domaines*), à trois mois de prison que j'ai subis dans la maison d'arrêt de Valenciennes, du 23 novembre 1858 au 21 février 1859.

Je n'étais pas plus coupable dans cette affaire que je ne l'étais pour l'apposition d'affiches qui fait l'objet de la première partie de ma brochure intitulée : *l'Anti-Labiénus*, ou *Plus de lois de sûreté générale.*

J'ai subi *chrétiennement* cette incarcération rigou-

(1) Voir cette note ci-après.

reuse de trois mois, incarcération que j'ai toujours considérée comme injuste ; car, dans les *observations essentielles* qui se trouvent en tête de la deuxième édition de mes *Réformes urgentes*, j'ai moi-même reconnu la parfaite honorabilité de chacun des membres de l'administration des Domaines. De simples critiques générales ne pouvaient dès lors constituer le délit de diffamation ; et, dans tous les cas, comme je n'avais agi que par zèle pour le bien public (zèle probablement exagéré), il était évident que je n'avais eu aucune intention mauvaise. Or, sans intention mauvaise, il n'existe pas de délit correctionnel, ainsi que la même Cour impériale de Paris l'a reconnu, en 1864 et en 1865, dans deux procès de même nature, dans deux affaires en diffamation jugées sur mes poursuites.

En outre, la plainte n'était pas régulière, puisque, malgré les prescriptions formelles de l'art. 4 de la loi du 26 mai 1819, et en violation même des règlements administratifs, M. Tournus, alors directeur général de l'Enregistrement et des Domaines, avait livré aux tribunaux, *sans l'autorisation du Conseil d'administration*, moi, fonctionnaire public, à cause d'une *pétition imprimée* adressée à Son Exc. M. le ministre des finances, pétition dans laquelle je discutais, avec preuves à l'appui, une mesure administrative prise contre moi et dont j'ai prouvé l'injustice.

L'honorable M. Nogent-Saint-Laurens, mon défenseur, avait sollicité ma grâce : je ne pus l'obtenir, malgré ses bienveillantes démarches, parce que ma conscience ne me permit pas de reconnaître que j'eusse tort. Je disais en effet, dans une supplique datée du fond de ma prison, que je méritais une récompense plutôt qu'un châtiment.

Pendant ma détention dans une maison d'arrêt très-étroite et peu aérée, détention aussi lourde pour ma pauvre tête qu'un immense couvercle de plomb ou qu'une montagne entière, j'eus la bonne idée de lire le Nouveau Testament. Dieu me consola et jeta dans mon cœur le germe d'une conversion qui ne s'est pleinement réalisée que cinq ans après, au mois de novembre 1864. Je bénirai donc éternellement la Cour impériale de Paris de m'avoir condamné, *même injustement*; car, devant Dieu, nous sommes tous coupables, et aucun mortel de bonne foi ne peut dire, sans folie, comme J.-J. Rousseau, qu'il est innocent et qu'on l'a condamné à tort.

Pour tout catholique sincère et convaincu, en matière de crimes ou de délits, la justice humaine est donc infaillible et mérite tout notre respect, *même quand elle se trompe*. Si l'on supporte avec des sentiments chrétiens le résultat de cette erreur, Dieu, qui pour récompenser ou pour punir a toute l'éternité, Dieu saura nous rendre justice et tirer le bien du mal.

C'est là tout le secret de ma force. Voilà pourquoi, lorsque je combats pour l'éternelle cause du droit et de la justice, je ne crains ni les fonctionnaires corrompus, ni l'arbitraire et le despotisme de l'autorité administrative, ni, par suite, mon envoi à Charenton, à Bicêtre, à Mazas ou ailleurs : quelque mal que l'on me fasse, devant Dieu je mérite encore plus d'être puni, et je bé-

nirai toujours la décision de mes juges, quelle qu'elle
soit !

(1) Je viens d'apprendre, avec un grand serrement de cœur,
que ce digne et vertueux magistrat est sérieusement malade.
Si les ferventes prières d'un pauvre diable tel que moi sont
susceptibles d'être exaucées, Dieu guérira sans doute M. Haton
de la Goupillière, une des gloires les plus pures de la magis-
trature française, homme trop peu connu, dont la modestie
égale le mérite, et que S. M. l'Empereur, j'ai tout lieu de le
croire, élèvera bientôt à de plus éminentes fonctions.

Juste et terrible à l'audience (car un président doit se faire
respecter du public et des avocats), doué, en outre, d'une
figure empreinte de noblesse et de majesté, et qui en impose
véritablement, M. Haton était digne, sous tous les rapports, de
remplacer M. Dupin.

En assistant à quelques audiences correctionnelles, et en
voyant avec quelle patience, avec quel soin, quelle attention et
quelle intègre perspicacité M. Haton écoutait et débrouillait les
affaires les plus difficiles et les plus délicates, j'avais conçu
pour ce magistrat la plus grande vénération et la plus vive
sympathie.

Depuis je l'ai vu de près, et j'ai pu me convaincre que
le président si redouté à l'audience était, dans son intérieur,
un véritable patriarche et le meilleur des pères, et que là,
mais là surtout, sa physionomie était empreinte à la fois de
finesse et de bonhomie.

M. Haton m'a donné à moi-même le conseil de *fuir les procès comme la peste.*

C'est pour déférer à cet avis que je n'ai pas assigné *la Presse*
devant les tribunaux correctionnels, en refus d'insertion d'une
réponse qui est calme, mesurée et de tous points irrépréhen-
sible. Cette réponse est publiée dans une brochure qui a pour
titre : UN DÉLIRE IMPÉRIAL; *cas singulier d'aliénation mentale.*

M. Haton a parfaitement apprécié mon caractère : il a vu en

moi un double de J.-J. Rousseau, un écrivain poussant jusqu'à l'exagération la légitime et sainte haine des abus et de l'injustice. M. Haton a même ajouté qu'en me posant ainsi en *réformateur*, j'entreprenais des choses au-dessus des forces d'un homme, et qu'en ce sens, il pourrait y avoir chez moi *tendance à la folie*. Les observations que j'ai présentées en pleine audience à M. Haton ont eu pour objet de fournir ma réponse : je la crois péremptoire. *L'avenir seul* décidera si je suis fort de la force de Dieu et de l'Esprit-Saint, ou si, au contraire, je suis, non pas fou, mais simplement demi-fou, en d'autres termes, *toqué* ou *monomane*, comme on dit aujourd'hui.

Il est certain que, sans en avoir le talent, j'ai un peu de l'âme et du caractère de Jean-Jacques. Dans tous les cas, je prends la plume tardivement et au même âge que lui ; et, comme lui, je vais devenir célèbre tout d'un coup. Il y a néanmoins, entre J.-J. Rousseau et moi, une énorme différence. Je n'ai ni son talent ni son génie ; mais, par le cœur, je vaux beaucoup mieux, car je suis très-sincèrement chrétien et catholique ; et, bien que m'étant trouvé, jusqu'à présent, aussi pauvre et délaissé que lui, je n'ai jamais abandonné mes neuf enfants et commis le crime qui suscita, dans l'âme honnête de Rousseau, d'éternels et justes remords, et empoisonna toute son existence.

Si je parle avec le ton d'une sincérité qui ressemble à un immense orgueil, je puis dire que Dieu sait très-bien qu'à lui seul et à ma miraculeuse conversion j'attribue tout le mérite qu'on pourra remarquer dans mes écrits. De moi-même et par mon tempérament, je ne sais produire que le mal et l'excentricité ; tout ce que je produirai de bon et de sage ne pourra donc venir que de Dieu.

Dans mes prières de tous les jours, et par les mérites infinis de Notre-Seigneur Jésus-Christ, vrai Dieu et vrai homme, quoi qu'en disent Renan et toute sa clique, je demande très-sincèrement, à notre Père céleste, qu'il daigne me donner, avec une

humilité profonde, la foi, l'éloquence et le courage des martyrs.

Non nobis, Domine, non nobis,
Sed nomini tuo da gloriam !
Mihi opprobrium, dùm tua salva sit gloria !

Versailles, rue d'Anjou, n° 12,
le lundi matin 8 janvier 1866.

APPEL A LA CHARITÉ PUBLIQUE.

Le Mendiant en habit noir, n'ayant pas l'argent né-
cessaire pour continuer l'impression, fait au besoin, et
d'après les principes de l'Évangile, un pressant et sérieux appel à tous les hommes de tête et de cœur.

Le Mendiant en habit noir recevra le prix de ses ouvrages même à titre d'aumône et sans en rougir. Quand
on est réellement pauvre, il vaut mieux, pour ses besoins matériels, vivre de charités publiques, que de
prostituer sa plume.

Avec le produit des aumônes ainsi provoquées et re-
çues, le Mendiant en habit noir aura le courage de por-
ter audacieusement la libre et sainte vérité jusqu'aux
pieds du trône impérial.

Nota. La loi contre la mendicité, votée au mois de mai 1865,
par la chambre des représentants belges, et contre
laquelle le Mendiant en habit noir s'est récrié d'une manière
très-énergique, ne lui aurait pas permis de faire, impunément
et publiquement, un appel à la charité et à la commisération
de tous les hommes de tête et de cœur.

La police de Paris, en laissant imprimer et vendre librement
un écrit de cette nature, prouvera par le fait que, malgré les
infâmes calomnies de la presse belge, anglaise et autrichienne,
et en plein régime impérial, il existe en France, pour l'écrivain
honnête homme et courageux, plus de liberté réelle qu'en Angleterre et en Belgique !

Réponse d'un pécheur nouvellement converti, du Mendiant en habit noir, aux injustes critiques des mondains.

Pour comprendre les choses saintes,
J'ai prié, mais du fond du cœur.
Dieu n'a point repoussé les plaintes
Du plus misérable pécheur.

Oui, Dieu m'a touché de sa grâce :
Je veux vivre et mourir pour lui.
Sans Dieu tout me pèse et me lasse,
Loin de Jésus tout m'est ennui !

Vous dont la triste intelligence
N'admet pas un Être éternel,
Docteurs d'une fausse science,
Vous jugez les choses du ciel !

Et vous me prodiguez l'outrage,
Vous me mettez au rang des fous !
Hélas ! quand je me croyais sage,
J'étais insensé comme vous !

La haine impie (1) et la discorde (2)
D'un chrétien ne sont pas l'effroi.
Dieu vous fasse miséricorde
Et vous éclaire comme moi !

(1) Allusion à toutes les injures et à toutes les calomnies dont on abreuve l'auteur, sans le lire ni le comprendre.
(2) Allusion à de certaines violences physiques et morales, et à l'opposition de tous ses proches. *Et inimici hominis domestici ejus,*

Versailles, novembre 1864.

PROPHÉTIES CLAIRES ET PRÉCISES

Faites au nom de notre Seigneur Jésus-Christ, vrai Dieu et vrai homme, et dont la pleine réalisation sera la preuve de sa divinité et de sa présence réelle, en corps et en âme, dans la sainte Eucharistie.

OBSERVATION PRÉLIMINAIRE.

Si puis dire avec Jean-Jacques Rousseau, mon illustre maître en originalité : « Je ne suis fait comme « aucun de ceux que j'ai vus, j'ose croire n'être fait « comme aucun de ceux qui existent, » je me garderai bien d'ajouter avec lui : « *Si je ne vaux pas mieux, au moins je suis autre;* » car ce serait le comble de l'orgueil et de la démence. Mais je dirai, avec plus de vérité, d'humilité et de bon sens :

« Avant que Dieu, par un vrai miracle de sa grâce, m'eût entièrement régénéré, j'étais devant lui le plus immonde pourceau qui jamais eût empuanti la demeure des hommes. Job, sur son fumier, n'avait pas des plaies et des ulcères pustuleux plus dégoûtants que les miens. Trente ans de pourritures accumulées avaient fait de moi un véritable objet d'horreur. J'étais réellement gangrené jusqu'à la moelle des os! »

C'est de ce vil et indigne instrument que Dieu, dans

son éternelle et profonde sagesse, va se servir, pour in-
timer ses volontés et confondre l'orgueil des hommes !

PREMIÈRE PROPHÉTIE.

D'ici au mois de juillet mil huit cent soixante-six,
très-probablement, et, *dans tous les cas et avec certitude,
avant la fin de l'année courante*, le mendiant en habit
noir recevra, *sur sa demande*, et de la main de Sa Majesté impériale, la décoration de la Légion d'honneur,
comme réparation d'une grande injustice, et comme
récompense méritée, tant de services rendus à l'Etat
avec une rare persévérance, que d'une inébranlable foi
aux destinées et à l'avenir de l'Empire.

Cette décoration, ainsi demandée et obtenue dans un
bref délai, contrairement à tous les usages et à toutes
les convenances, et même contrairement à toutes les
probabilités humaines, sera, de plus, une preuve écla-
tante et divine que la folie selon les hommes est sagesse, et que la sagesse selon les hommes est folie.

DEUXIÈME PROPHÉTIE.

Nouveau saint Vincent de Paul et moderne juif Mar-
dochée, le mendiant en habit noir *restera pauvre* et con-
servera ainsi une position libre et indépendante. Admis
néanmoins plus d'une fois aux conseils de l'Empereur
et de ses ministres, il sera considéré comme le chef in-
telligent de tous les mendiants honnêtes. Au nom de
Notre-Seigneur Jésus-Christ, vrai Dieu et vrai homme
et père des pauvres (*Jesu, pater pauperum*), il sera le

consolateur désintéressé de tous ceux qui souffrent, le protecteur courageux des pauvres et des opprimés, auxquels et au nom encore de Notre-Seigneur Jésus-Christ, il fera rendre prompte et entière justice, conformément à ces paroles du Roi-prophète : *Suscitans à terrâ inopem et de stercore erigens pauperem, ut collocet eum cum principibus, cum principibus populi sui.*

TROISIÈME PROPHÉTIE.

Le catholicisme entre dans une phase nouvelle. *Le pouvoir temporel a été et sera encore enlevé au pape*, à cause des désordres et du peu de foi d'une bonne partie du clergé italien (séculier et régulier) et contrairement néanmoins à tout droit et à toute justice. Que sa sainteté Pie IX se console d'être ainsi spolié : *Dieu suscitera des prophètes, des saints et des martyrs,* et prouvera de plus en plus que son Eglise est bâtie sur des fondements divins et inébranlables. La puissance spirituelle du catholicisme sera dès lors d'autant plus forte que son pouvoir temporel sera plus faible.

QUATRIÈME PROPHÉTIE.

L'avenir politique appartient réellement à Napoléon III et à sa dynastie. L'Empereur des Français règnera encore et sera remplacé pacifiquement par le Prince Impérial.

CINQUIÈME PROPHÉTIE.

Dans un avenir qui n'est pas bien éloigné, le siége

du catholicisme sera transféré à Paris. S. M. Napoléon III protégera le Pape et le catholicisme, et continuera de réprimer l'impiété et les excès de la presse.

SIXIÈME PROPHÉTIE.

Les socialistes et les démagogues tenteront de renverser l'Empire et la Papauté ; mais malheur à eux, trois fois malheur ! On cassera sans miséricorde la tête aux premiers imprudents qui soulèveront les pavés de Paris, et l'émeute sera dissipée d'un seul coup. Il suffira, pour la vaincre, d'un premier moment de vigueur et d'énergie.

SEPTIÈME PROPHÉTIE.

Pour compléter la victoire, une manifestation imposante aura lieu dans toute l'étendue des boulevards.

Le mendiant en habit noir, à cheval, sans armes et un crucifix à la main, le mendiant en habit noir, *revêtu de sa redingote grise,* du même paletot râpé qu'il portait dans les prisons de Valenciennes, et lorsqu'on le traîna plus tard comme un malfaiteur dans les rues de la même ville, le mendiant en habit noir, marchant à la tête des gardes nationaux, intimidera les émeutiers par l'audace de sa parole et de ses regards, en criant d'une voix forte :

« Au nom du Dieu des armées, *in nomine Dei Sa-
« baoth*, au nom de Notre-Seigneur Jésus-Christ, vrai
« Dieu et vrai homme, respect à l'Autorité ! »

HUITIÈME PROPHÉTIE.

Dans vingt ans à compter du mois de novembre mil huit cent soixante-quatre, époque mémorable de ma miraculeuse conversion, une grande guerre aura lieu entre les puissances catholiques et les puissances hérétiques. La France et l'Espagne, intimement unies et alliées à d'autres puissances, combattront notamment contre la Russie et l'Angleterre.

Le mendiant en habit noir, très-populaire à cette époque, par suite du bien qu'il n'aura cessé de faire aux pauvres et aux opprimés, sera considéré par l'armée comme un véritable saint, et aura acquis sur elle une grande influence. Appelé d'abord par dérision le *Mamelouck-Prophète*, le mendiant en habit noir sera sérieusement considéré comme tel.

Dans un moment décisif, et au moment où Napoléon III

allait se précipiter dans la mêlée, le mendiant en habit noir, subitement éclairé d'un rayon de Dieu, arrête et contient l'Empereur, en lui faisant observer que son devoir est de se conserver pour son troupeau et de ne pas exposer inutilement ses jours. Le mendiant en habit noir, *alors bon cavalier*, et *toujours revêtu de sa redingote grise*, se précipite lui-même dans les rangs et brave le danger, crie audacieusement et d'une voix de Stentor : *Victoire! victoire!* électrise les soldats au nom de Notre-Seigneur Jésus-Christ, vrai Dieu et vrai homme ; et, après avoir, par ce trait d'audace et de génie, assuré réellement la victoire au moment

, il est lui-même atteint au cœur d'une balle tardive et qu'il n'attendait plus.

Digne émule du fameux Roustan, son aïeul, général en chef des Perses, mort sur la brèche et pour l'indépendance de son pays, le mendiant en habit noir aura ainsi le bonheur de mourir de la mort des justes et pour la plus noble des causes : pour celle de Dieu et de l'Empereur !

NEUVIÈME PROPHÉTIE.

Versailles, rue d'Anjou, n° 12,
le lundi matin 15 janvier 1866.

DIXIÈME PROPHÉTIE

(Sans préjudice de celles à venir.)

Mon fils aîné a l'âge du Prince impérial.

Comme patriarche, et comme chef de tous les mendiants honnêtes (car les bénédictions des pauvres et des opprimés portent bonheur), comme père d'une nombreuse famille, et au nom de Notre-Seigneur Jésus-Christ, vrai Dieu et vrai homme, au nom du Dieu d'Abraham, d'Isaac et de Jacob, quand je serai admis auprès de S. M. l'Empereur, *mais non pas à la première audience, c'est-à-dire dans trois ou quatre mois très-probablement, et, avec certitude, dans le courant de la présente année mil huit cent soixante-six*, je bénirai, *en qualité de prophète et d'envoyé de Dieu*, le Prince impérial et *sa postérité*, le Prince impérial, ce noble et vivant portrait de sa digne et gracieuse mère.

> *O matre pulchrâ filius pulchrior !*
> D'une mère si belle enfant plus bel encor,
> Des chrétiens tu seras l'espoir et le trésor !

> Ecrit le dimanche 21 janvier 1866, dans mon magasin, rue d'Anjou, n° 12, à Versailles, pendant la grande messe, au sortir de la communion, et après avoir invoqué les lumières du Saint-Esprit, en récitant *avec une grande foi* le *Veni Creator.*

BLAME DE MON CONFESSEUR.

« Je désapprouve toujours, dans vos espèces de pam-
« phlets, le mélange sérieux d'idées religieuses avec la
« thèse toute profane et presque comique que vous
« voulez soutenir. Le public, incapable de comprendre
« votre expansion, se moquera de vous tout simplement
« et blasphémera, sans qu'aucun bien puisse en résul-
« ter. Enfin, vos ennemis tourneront contre vous ces
« pages pour pouvoir vous nuire et vous faire enfer-
« mer. »

RÉPONSE.

Le mendiant en habit noir persiste plus que jamais dans ses prophéties et affirme, en outre, au nom de Notre-Seigneur Jésus-Christ, vrai Dieu et vrai homme, et comme nouvelle preuve de sa divinité, qu'on ne l'enverra, à cause de ces prophéties, ni à Mazas, ni même à Bicêtre ou à Charenton.

Versailles, rue d'Anjou, n° 12, le mercredi 24 janvier 1866, après avoir eu le bonheur de communier et après avoir demandé, avec une grande paix intérieure et une grande confiance, les lumières de l'Esprit-Saint.

APPEL URGENT

Fait à la charité et à la commisération de mes anciens camarades de l'Enregistrement et des Domaines.

Je suis toujours pauvre, mais plus que jamais libre et indépendant. J'ai pris votre défense, je la prendrai encore, *même auprès de l'Empereur,* car je sais que l'on vous accable de durs travaux non suffisamment rétribués.

Si, malgré ma profonde misère, qui est l'inévitable résultat d'une lutte imprudente ou courageuse dont je n'ai pas encore recueilli les fruits; si, malgré ma profonde et cruelle misère, je n'ai démérité ni de votre estime, ni de vos sympathies, je demande très-humblement et très-chaleureusement, au nom de Notre-Seigneur Jésus-Christ, vrai Dieu et vrai homme, aide et assistance, plutôt pour vous que pour moi.

A cet effet, je recevrais avec plaisir, en échange de mes nouveaux ouvrages, un exemplaire tant de la première que de la deuxième édition de mes *Réformes urgentes,* exemplaires dont j'ai besoin pour mon travail d'auteur.

Nota. — Sa Majesté l'Impératrice Eugénie a daigné me faire grace de mes quinze jours de prison, ainsi, d'ailleurs, que ma voix intérieure (celle de Notre-Seigneur Jésus-Christ) me l'avait toujours dit très-expressément.

AUTRES OUVRAGES

DU MENDIANT EN HABIT NOIR

I. **Comparaison de la loi belge et de la loi française** *en matière de droits de succession*, contenant le texte des lois belges, les tarifs pour la Belgique et pour la France, l'examen critique et approfondi tant du principe de la déduction des dettes que des autres dispositions de la loi belge qu'il serait utile d'adopter ou qu'il convient de rejeter, *la réfutation de l'ouvrage de M. Emile de Girardin sur l'impôt*, et des considérations générales sur la légitimité des droits d'Enregistrement et de Timbre. Bruxelles et Valenciennes, et chez Mme Roustan, libraire à Versailles, rue d'Anjou, 12. 1859. 1 vol. in-8°. Prix : 4 fr.

Cet ouvrage a servi de base, en très-grande partie, à un projet de loi financier pour lequel une Commission a été nommée en 1864, et qui devait être discuté au Corps législatif dans les premiers mois de l'année 1865.

II. **Les Subtilités de la librairie parisienne, la Bande noire et la Révision,** *et quelques abus de l'Hôtel des ventes.* 1865. 1 vol. in-8°. Prix : 7 fr. 50. Chez M. Dentu, libraire à Paris, au Palais-Royal.

Cet ouvrage audacieux et singulier a mis en émoi la corporation des libraires normands-parisiens et des commissaires-priseurs. Il a donné lieu, en outre, à des pétitions transmises au Sénat, et dont le *Moniteur* a rendu compte. Il sera parlé ultérieurement et de l'ouvrage et du compte-rendu.

III. **Un Délire impérial,** *cas singulier d'aliénation mentale,* précédé de l'oraison funèbre de M. ÉMILE (*de Girardin*) et d'autres pièces rares et curieuses. Brochure in-8. Prix : 1 fr. (Chez tous les libraires.)

Cette brochure, excentrique en apparence et très-sage en réalité, ne paraîtra que dans quelques jours.

IV. **Plus de lois de sûreté générale!** *Juste appréciation de l'Empereur Napoléon III.* 2e édition, entièrement conforme aux deux exemplaires qui furent lancés dédaigneusement par l'auteur dans la chambre ou   des représentants belges. Paris, chez tous les libraires tenant les nouveautés rares et curieuses. 1866. Br. in-8.   1 fr.

Imprimé par Charles Noblet, rue Soufflot, 18.